Paul Schermuly

Das Weib hat in der Versammlung zu schweigen (1 Kor. 14,34) – 1900 Jahre Marginalisierung der Frauen in der Katholischen Kirche

Kirchenkritischer Aufsatz

„Die Kirche hat wichtige Momente, den „kairos", schon oft verspielt. Im 19. Jahrhundert hat sie die Arbeiterklasse verloren; dann viele Intellektuelle durch ihren einseitigen Antimodernismus; die Jugend in den 1960-iger Jahren durch die panische Reaktion auf die „sexuelle Revolution". Jetzt sehe ich die Gefahr, die Frauen zu verlieren."

(Thomas Halik, Religionsphilosoph)

Inhalt

Einführung: Die röm. Männerkirche will nun endlich den Frauen mehr Rechte in der Liturgie zugestehen - wie großzügig!

Nun dürfen Frauen und Mädchen offiziell den Altarraum betreten und in den Gottesdiensten der röm. kath. Kirche den Lektoren Dienst übernehmen oder als Messdienerinnen fungieren. So hat es Papst Franziskus am 11. Januar diesen Jahres in einem „moto proprio" offiziell verkündet. - Wem interessiert eigentlich noch ein solches „moto proprio" von Rom? – „Es war wieder ein „Ja"-Moment, dieses Dekret von Franziskus" so äußerte sich Gudrun Sailer, Redakteurin von „Vatikan News", voll Freude nach dieser Veröffentlichung. Als Theologe ging ich eigentlich längst davon aus, dass dies alles schon lange eine Selbstverständlichkeit ist, da es ja auch schon 50 Jahre praktiziert wird, vor allem in den deutschsprachigen Ländern und in den Basisgemeinden in Lateinamerika. Frauen sind seit langer Zeit schon in hauptamtlich pastoralen Diensten tätig und predigen in Gottesdiensten. Sie haben bis heute eine hervorragende Seelsorge betrieben, vor allem aus einem anderen Blickwinkel heraus, nämlich dem der Frauen, welcher 1900 Jahre in der Kirche so gut wie keine Beachtung fand. Selbst in lateinamerikanischen Ländern, wie Brasilien, leiten Frauen sogar Basisgemeinden in entlegenen Gebieten des Amazonas. All dies war bis zum II. Vatikanischen Konzil nicht möglich. Das Betreten des „heiligen Altarraums" war bis dahin nur den Männern vorbehalten. Frauen in den Kirchenchören durften auch nicht im Altarraum singen. - Ja, wer hat denn eigentlich immer den Altarraum geputzt und geschmückt? Wohl der Pfarrer selbst? Oder seine Haushälterin? Oh nein. Diese durfte doch um Gottes Willen auch nicht den heiligen Bezirk des Altares betreten. – Wie lange sollen eigentlich noch in unserer Kirche die Frauen von den Männern marginalisiert werden?

Kap. 1a.) Wie war das eigentlich mit den Frauen bei Jesus?

Der Umgang Jesu mit Frauen war für die frommen jüdischen Repräsentanten ein Sakrileg und eine Provokation. Die Frau eines Rabbis musste in der Öffentlichkeit, wenn überhaupt, nur in einem gebührenden Abstand hinter ihrem Ehemann gegen. Die Frauen durften damals nicht, oder nur ganz abgeschirmt von den Männern, an den Versammlungen und Gebeten in der Synagoge teilnehmen (bis heute noch sind in vielen Synagogen die Frauen von den Männern getrennt und sitzen meist in den hinteren Rängen). Jesus durchbrach radikal diese Regel, was zu seiner Zeit revolutionär und provokativ zugleich war. Jesus pflegte Freundschaft mit Maria und Marta von Betanien, die Schwestern des Lazarus. In seiner Begleitung auf seinen Wanderungen durch Galiläa bis nach Jerusalem befanden sich Maria von Magdala, Johanna, die Ehefrau des Chuzas, eines hohen Beamten des Königs Herodes und Susanna und viele andere, die Jesus und die Jünger mit ihrem Vermögen unterstützten (Lk.8,1ff.). Und nur die Frauen hielten unter dem Kreuz aus, wohingegen die Männer <u>alle</u> die Flucht ergriffen. Und schließlich begleiteten Frauen Jesus zu seinem Grabe, beziehungsweise schauten von weitem zu (Mk.15,47) (weil es äußerst gefährlich war, bei einer Hinrichtung nicht den gesetzlichen Abstand zur Hinrichtungsstätte einzuhalten). Und sie waren wieder am Ostermorgen am Grabe und bezeugten und verkündeten den anderen Jüngern <u>als Erste</u>, dass Jesus auferstanden ist. - Aber warum hat dann Jesus nicht auch Frauen in den „Zwölferkreis" der Jünger berufen, so wird häufig gefragt und von den Traditionalisten als Argument für die Verweigerung des Priesteramts für die Frauen benutzt (wobei noch einmal unterschieden werden muss zwischen Jünger, Apostel und den „Zwölf, worauf ich später noch zurückkommen werde)? Jesus hat in seinem gesamten Wirken und in seiner Verkündigung sehr stark mit Symbolen gearbeitet. Und so war der „Zwölferkreis" für ihn ein Symbol für das neue „messianische Israel", so wie die „Zwölf Stämme Israels" ein Symbol war für das von Gott berufende Volk Gottes nach Abraham und Jakob. Und diese zwölf Stämme waren ja bekanntlich nach den zwölf Söhnen Jakobs/Israels benannt. Und das waren halt Männer. Hätte Jesus Frauen, vielleicht auch noch nach Frauenquote, in den „Zwölferkreis" berufen, wäre das auch für das einfache Volk eine Überforderung, geschweige denn für die religiösen Führer eine übermächtige Provokation gewesen, so dass er dann sicherlich überhaupt keinen Erfolg in seinem Wirken gehabt hätte. Denn Jesus fühlte sich ja zuallererst zu seinem eigenen Volk, „den verlorenen Schafen des Hauses Israel gesandt" (Mt.15,24)), um diesen zuerst die Frohe Botschaft zu verkünden.

Aber Fakt ist nichtsdestoweniger: Jesus hatte in seiner Gefolgschaft Frauen. In den Evangelien werden 8 Frauen namentlich genannt, die ihm neben 14 namentlich genannten Männern (die „Zwölf", der Emmaus Jünger Kleopas und Lazarus) nachfolgten und gleichberechtigt neben den Männern ganz selbstverständlich mit Jesus zogen. Er korrigierte durch sein Verhalten die traditionelle jahwistische Sicht von der Frau in Gen. 2,21-23, dass die Frau dem Mann untergeordnet sei, mit der Erkenntnis von <u>Gen. 1,27</u>, die die Gleichheit von Mann und Frau in den absoluten Mittelpunkt rückt: „Gott schuf den Menschen nach <u>seinem Abbild</u>, nach dem Abbild Gottes schuf er ihn. <u>Als Mann und als Frau</u> schuf er sie"! Ja, Jesus durchbricht durch seinen Umgang mit Frauen radikal das bis dahin herrschende Verständnis, dass die Frau sozusagen nur ein notwendiges Anhängsel des Mannes sei, und er stellt die gottgewollte Gleichberechtigung der Frau mit dem Manne als absolute Prämisse durch sein provokatives Verhalten und während seines gesamtem Wirken in den Fokus!

b.) Waren die Frauen nicht zum „Letzten Abendmahl" eingeladen?

Mit Sicherheit waren auch die Frauen, die Jesus von Galiläa bis nach Jerusalem hinauf gefolgt sind, zumindest die engsten und mit Jesus vertrautesten Frauen, der Kreis um Maria von Magdala, zusammen mit den Jüngern, d.h. den „Zwölf" und den anderen Aposteln, im Abendmahlssaal. Denn sie unterstützten ja auch Jesus mit ihrem Vermögen, wie es in Lk. 8,1ff heißt. Und außerdem bot ja auch der Abendmahlssaal in Jerusalem mit seinen 100 - 120 Quadratmetern genügend Platz für 80 – 120 Menschen. Und warum sollten denn nur die „Zwölf" dabei gewesen sein? Der „Zwölferkreis" war doch keine exklusive Schulklasse Jesu. Denn mit ihm verweist Jesus lediglich, wie schon gesagt, auf die „Zwölf Stämme Israels", nun als das neue messianische Volk Gottes. Von diesen 12 Stämmen existierten zur Zeit Jesu ja nur noch zwei. Und außerdem spielten von den „Zwölf" lediglich zweidrittel in den Evangelien mehr oder weniger eine Rolle und werden mit Namen genannt (außer bei ihrer Berufung in Lk. 6,12ff).
Die Frauen gehörten ganz sicher zum Jünger-innen-Kreis und damit auch zu den Aposteln, deren begriffliche Gleichsetzung im Folgenden einer gründlichen Beweisführung bedarf:
Im Matthäus- und Markusevangelium fragen die Jünger Jesus, wo sie ihm das Paschamahl vorbereiten sollen. Bei Matthäus schickt Jesus die Jünger daraufhin voraus nach Jerusalem, im Markusevangelium schickt er zwei seiner Jünger voraus. Im Lukasevangelium schickt Jesus, ohne von den Jüngern gefragt zu werden, den Petrus und den Johannes, seine sogenannten „Lieblingsjünger", zur Verbreitung des Mahls. –Der Evangelist Lukas will wohl damit betonen, dass sich auch die führenden Jünger aus dem „Zwölferkreis" nicht zu schade sein dürfen für die niedrigsten Arbeiten. Und dass sie sich auch ruhig die Hände schmutzig machen dürfen und sich nicht nur bedienen lassen, nach dem Satz Jesu: „Wer der Erste sein will, der soll der Diener aller sein"

(Mk.9,35). – Nachdem das Mahl vorbreitet war, heißt es bei Lukas weiter: „Als die Stunde gekommen war, setzte sich Jesus mit den „Aposteln" nieder"(Lk.22,14). „Apostel" sind im Lukasevangelium die „Zwölf" zusammen mit den „übrigen Jüngern", so wie in Lk. 24,33: „Sie fanden die „Elf" und die übrigen Jünger". Und in Lk.24,9 und 24,10b wird es überdeutlich, dass die „Elf" (nach dem Ausscheiden des „Judas") zusammen mit den „übrigen Jüngern"(Lk.24,9) identisch sind mit den „Aposteln" (Lk. 24,10b). Hierbei ist zu bedenken, dass das Apostelamt als „Bischofsamt", griechisch: episkopos" = „Vorsteher" (Oberhaupt oder Hirte einer Hausgemeinschaft, später einer größeren Gemeinde), oder „Aufseher", erst sehr viel später entstanden ist und nicht gleichzusetzen ist mit dem Wort Apostel (dt: „Gesandter") in den Evangelien. Im Johannesevangelium heißt es wohlbemerkt, dass sich „die Jünger/innen" (und dazu gehörten sehr wohl ja auch die Frauen!) nach Jesu Tod aus Furcht vor den Juden hinter verschlossenen Türen (im Obergemach/Abendmahlssaal (siehe auch Lk.Ev.22,12)) trafen (Joh. 20,19). Niemals spricht Johannes von „Aposteln"! Ja, auch die Frauen, die Jesus bis nach Jerusalem nachgefolgt sind und die schon sehr früh bei Lukas im 8. Kapitel (Lk.8,1ff) genannt werden, die Jesus mit ihrem Vermögen dienten, gehörten zum Jünger-innen-Kreis, und damit auch zu den Apostel-innen. Im Kapitel (Luk. 6,12-16) wählt Jesus aus dem Jünger-innen-Kreis die „Zwölf" aus und Lukas bemerkt, dass Jesus sie später auch Apostel nannte, was aber nicht exklusiv nur für die „Zwölf" zu verstehen ist. Apostel heißt „Gesandter", und „Jünger" heißt eigentlich aus den griechischen richtig übersetzt „Schüler".
Im Johannesevangelium wird das Wort Apostel nur einmal genannt (Joh.13,16), und dort benutzt Jesus es in einem Bildvergleich, dass „ein „Abgesandter" nicht größer sein kann als der, der ihn gesandt hat". Ansonsten verwendet Johannes anstelle für das Wort Apostel immer nur das Wort: „Jünger", so auch bei der „Fußwaschung" beim „Letzten Mahl".
Bei Matthäus und Markus wird der Begriff „Apostel" jeweils auch nur einmal verwendet (Mt.10,2 und Mk.6,30) ansonsten

immer nur „Jünger". Matthäus spricht in Mt.10,1 von 12 Jüngern, die wiederum in Vers 2 mit 12 Aposteln bezeichnet werden.

Lukas benutzt 4-mal das Wort „Apostel" für Jesu Nachfolger: Lk. 6,13: „die „auch Apostel (so wie auch die anderen Jünger) genannt werden"; Lk.17,5; Lk.22,14 u. Lk.24,10. In Lk. 22,14 steht nicht „Zwölf Apostel", mit denen sich Jesus zum Mahl niedersetzt, wie in vielen Bibelausgaben falsch übersetzt wird, sondern Jesus setzt sich mit „den Aposteln" nieder (bei Matthäus heißt es mit den 12 Jüngern (Mt.26,20) und bei Markus kommt Jesus mit den „Zwölf" (Mk.14,17). An diesen Textstellen zeigt sich wiederum sehr deutlich, dass mit beiden Begriffen „Apostel" u. „Jünger" immer die Gleichen gemeint sind!

In der Apostelgeschichte des Lukas kommt das Wort „Apostel" 23-mal vor. Dies ist ja schließlich auch die „Geschichte von den Apostel-innen" („Gesandt-innen") wobei dem späteren Lukas schon die Frauen allmählich aus dem Blickfeld geraten sind. Aber auch bei ihm sind sie allesamt von Jesus „Gesandte" und nicht „Amtsträger" im viel viel späteren Verständnis! Das Wort „Jünger" benutzt Lukas in seiner Apostelgeschichte 13-mal als Bezeichnung für die zur Nachfolge Jesu von den Aposteln berufenen Juden- u. Heidenchristen-innen.

Bei Paulus kommt das Wort Apostel ca. 26-mal vor (aber, wie auch bei Lukas, noch nicht als Amtsbegriff!), davon 18-mal, in denen Paulus für sich selbst immer wieder, wohl etwas verkrampft, auch das Apostolat beansprucht, das ihm ja Christus selbst bei seiner Bekehrung vor Damaskus übertragen habe (nicht aber von den Jüngern-/Apostel-innen, die Jesus nach seinem Tod gesehen haben, an ihn übertragen wurde).

Das Mehrzahlwort im griechischen von „Apostolos": Apostoloi, wie auch das Wort „Mathetai" (= Mehrzahl von Mathetos, Jünger, Schüler), ist wohl männlich, aber die Frauen sind darin einbegriffen, so wie auch im deutschen viele männliche Bezeichnungen im Plural die Frauen mit meinen. Aber auf Grund der Anthropozentrik der altgriechischen Sprache werden Gruppen, die aus Männern und aus Frauen bestehen, im Plural meist mit einem männlich konstruierten Wort bezeichnet – ja auch die

Anfänge des Christentums waren da nicht anders. Wenn auch die ersten Christen-innen noch so frauenfreundlich waren, konnten sie sich in ihrer altgriechischen Sprache dennoch nicht von einer Männerdominiertheit freisprechen. Und darum entwickelte sich auch in der Christenheit so allmählich eine Wirklichkeitswahrnehmung in Richtung der Männer und deren alleinige Aktivitäten, so dass Frauen in der Wahrnehmung erst einmal nicht als allererste vorkamen, und das mit der Zeit immer immer weniger!

Im Lukasevangelium werden schon bald nach der Berufung der „Zwölf" (Lk.6,13ff) die Frauen aus Galiläa als Jesu Nachfolgerinnen genannt (Lk.8,1ff). In Lukas 9,1ff werden dann die „Zwölf" ausgesandt, das „Reich Gottes" zu verkünden und die Kranken und Besessenen zu heilen und dann schon in Lukas 10,1ff werden von Jesus „70 Jünger-innen" ausgesandt (wohl doch als „Apostel-innen", was ja nichts anderes heißt, als „Gesandte") als Arbeiter-innen für seine Ernte, wobei sicherlich doch auch die Frauen mit dabei waren!

Und nun zurück zum letzten Abendmahl: Warum sollten die Frauen nicht im Abendmahlssaal dabei gewesen sein? Warum sollte nur Jesus mit einem exklusiven Kreis von 12 Jüngern das Paschamahl, abgehoben von den andern Jüngern-innen, gefeiert haben. Die anderen Jünger-innen hatten doch das Mahl sorgfältig vorbereitet – und dann sollten sie das Mahl mit Jesus und den „Zwölf" nicht mitfeiern dürfen?? Zumal dieser Kreis ja nur ein Symbol ist und stellvertretend für das neue messianische Volk Gottes steht. Die „Zwölf" kommen ja in der Apostelgeschichte des Lukas nur noch ganz am Anfang vor: erst die „Elf" und nach der Wahl des Mathias wieder die „Zwölf". Dann verschwinden sie ganz von der Bildfläche und werden abgelöst von den „drei Säulen" (Petrus, Johannes und Jakobus, der Herrenbruder) als Leiter der Urgemeinde in Jerusalem. Nach dem Weggang von Petrus und Johannes leitet Jakobus bis zu seiner Ermordung unter dem Hohen Priester Hannas II. im Jahre 63 n.Chr. die Urgemeinde alleine. - Die Urgemeinde ist dann sehr bald schon nach Jakobus` Ermordung nach einer zugesteckten Information wenige Jahre vor der Zerstörung Jerusalems durch Titus (70 n. Chr.) nach Pella in Ostjordanien geflüchtet und hat sich dort niedergelassen.–

Dieselben Frauen, die bei der Kreuzigung ausharrten, nachdem die Männer davongelaufen waren, die die Grablegung von Weitem begleiteten, da sie sich sonst in größte Gefahr begeben hätten (Zuschauern, vor allem Frauen, war es ja unter strengsten Strafen verboten bei einer römischen Hinrichtung anwesend zu sein – nur von Weitem war dies gestattet) waren dann auch wieder am Ostermorgen am leeren Grab, empfingen die Botschaft von der Auferstehung des Herrn, und wurden, außer bei Lukas, zu den anderen Jüngern gesandt, diese Botschaft zu überbringen. Bei Matthäus sendet Jesus selbst die Frauen zu den Jüngern. Und vor allem im Johannesevangelium erscheint Jesus der bedeutendsten Frau, die ihm, so in Lk,8,1ff, so sehr viel zu verdanken hatte, Maria von Magdala, vor dem Grabe und sendet sie mit einem großen Auftrag zu den Jüngern. Dieselben Frauen waren ganz sicher auch, „als die Stunde gekommen war" (Lk. 22,14) beim „letzten Mahl Jesu" mit den Apostel-innen (=die „Zwölf" u. die „anderen Jünger-innen") zusammen.

Dass die Frauen bei Lukas nicht von den Engeln (zwei Männern in leuchtenden Gewändern heißt es) gesandt werden, den Auferstandenen zu verkünden, zeigt schon eine gewisse Tendenz, auch bei Lukas, die Frauen in der Verkündigung hinten an zu stellen und nicht ernst zu nehmen (denn die männlichen Jünger hielten bei Lukas das alles ja auch nur für leeres Geschwätz, was die vom Grabe zurückkehrenden Frauen ihnen erzählten (Lk. 24,11)), obwohl doch ansonsten Lukas als der frauenfreundlichste unter den Evangelisten gilt. In seiner viel später geschriebenen Apostelgeschichte erwähnt er die Frauen nur noch am Anfang nach Auferstehung, Himmelfahrt und Pfingsten. Dann nicht mehr. Und ansonsten kommen in der Apostelgeschichte nur noch die Purpurhändlerin Lydia in Philippi und das mit Paulus befreundete Ehepaar Prisca und Aqulia vor, worauf ich später noch ausführlich eingehen werde.

Die Frauen waren selbstverständlich auch nach der Auferstehung Jesu, so wie auch die Jünger von Emmaus (Kleophas mit Namen genannt) und Mathias, der später anstelle des Judas in den Zwölferkreis gewählt wird und die anderen ohne Namen mit den Jüngern und den „Elf" im Abendmahlsaal (Lk.24,33-36ff) zusammen (siehe ganz deutlich in der Apostelgeschichte 1,4-14 und Apg. 2,1: „beim gemeinsamen Mahl" (Apg.1,4) und „im Gebet mit seinen (Jesu) Brüdern"(Apg.1,14 (die Schwestern waren in diesem griechischen Wort „adelphois" immer mit gemeint!). Aber auch in Apg. 1,1-4 sind indirekt selbstverständlich die Frauen mitgemeint. Denn denen ist Jesus ja auch als Erste erschienen und sie waren ja auch immer nach der Auferstehung im Obergemach (Abendmahlssaal) „hinter verschlossenen Türen, aus Angst vor den Juden" (Joh.20,19) mit den anderen Jüngern (Aposteln) zusammen. Von allen 4 Evangelisten wird niemals von „Zwölf Aposteln" gesprochen, es wird immer nur von den „Zwölf" gesprochen. Einzig spricht Matthäus am Ende seines Evangeliums von den „zwölf Jüngern" (Mt. 28,16), denen Jesus nach seiner Auferstehung auf einem Berg in Galiläa erscheint und sie als das „Neue Israel" aussendet, um die gesamte Menschheit zu ihm hin zu führen! Und im ältesten Glaubensbekenntnis, das uns in 1 Kor.15,3b-7 von Paulus überliefert ist, werden klar die „Zwölf" (Vers 5) von den „Aposteln" (Vers 7) unterschieden. In Vers 7 fasst das Glaubensbekenntnis alle die bis dahin aufgezählten Zeugen/innen (Kefas, die „Zwölf", 500 Brüder (da sind auch immer (s.o.) im griechischen die Schwestern mitgemeint), den Jakobus (nicht einer der „Zwölf", sondern der Herrenbruder) und dann alle Apostel (Jünger) zusammen! Die Frauen werden in dieser Aufzählung namentlich leider nicht genannt, denn Frauen galten zu der Zeit nicht als Zeuginnen vor Gericht und somit wurden sie auch nicht im Urchristentum als Zeuginnen der Auferstehung, wie schon beginnend bei Lukas, ernst genommen. Dem gegenüber wird Maria Magdalena im dem viel später nach Lukas geschriebenen Johannesevangelium, wohl erst zum Schluss, unter dem Kreuz und dann als Erstzeugin des Auferstandenen ganz stark hervorgehoben, so dass später Augustinus im 4./5. Jhd. und noch später Thomas von Aquin (13. Jhd.) sie als „Apostelin der Apostel" bezeichnet haben. Johannes widmet dieser großen Frau eine ganze Perikope (Joh.20,1-2, 11-18), in der der Auferstandene ihr selbst erscheint, sie mit Namen anspricht und ihr einen großen Auftrag erteilt, den Jüngern all das zu verkündigen was sie gesehen und vom Auferstandenen gehört hat. Der Schreiber des Johannesevangeliums muss eine große Zuneigung und Freundschaft nach all den Ereignissen zu Maria gehabt und gepflegt haben, da er von ihr so eindrucks- u. liebevoll am Schluss dieser langen Perikope berichtet. Diese Szene erinnert so sehr an eine Stelle im „Hohen Lied der Liebe", im „sogen." Alten Testament" **(Hld. 3,1-5)**, welche man unbedingt einmal in Ruhe auf der Zunge vergehen lassen sollte. Dort spricht die verzweifelte Geliebte: „Nachts auf meinem Lager suchte ich ihn, den meine Seele liebt. Ich suchte ihn und fand ihn nicht. Aufstehen will ich, die Stadt durchstreifen, die Gassen, Plätze, ihn suchen, den meine Seele liebt. Ich suchte ihn und fand ihn nicht. Kaum war ich an ihnen (den Wächtern der Stadt) vorüber, fand ich ihn, den meine Seele liebt. Ich packte ihn und ließ ihn nicht mehr los … ." Ja, so wie die Geliebte im „Hohen Lied der Liebe" ihren Geliebten leidenschaftlich sucht, bis sie ihn schließlich findet, „ihn den meine Seele liebt", so suchte auch Maria an jenem Ostermorgen, als es noch dunkel war, in ihrer größten Verzweiflung ihren durch den grausamen Tod am Kreuz entrissenen und geliebten Jesus, bis sie ihm schließlich im Lichte der aufgehenden Sonne wieder begegnet und ihn nun für immer in ihrem Herzen behält.

Kap. 2: Frauen in der Kirchengeschichte:

a.) Maria Magdalena – „Apostelin der Apostel-innen"!

Ja, im Johannesevangelium spielt <u>Maria Magdalena</u> in der Verkündigung eine große Rolle, obwohl sie beim ihm erst ganz zum Schluss auftritt (in den anderen Evangelien wird sie öfters genannt), unter dem Kreuz und am Grab Jesu (Joh. 19,25-27 u. Joh. 20,1-2, 11-18). Ja, in ergreifender Weise schildert es die Begegnung des Auferstandenen mit Maria Magdalena. Sie ist hier die große Verkünderin vom Auferstandenen und wird persönlich von Jesus beauftragt, die Botschaft zu überbringen. Sie wird später nicht mehr erwähnt, sie, der doch Jesus als erste erschienen ist (wie schon erwähnt auch nicht in dem von Paulus erwähnten ältesten Glaubensbekenntnis in 1 Kor. 15,3-8). Doch Schriftenfunde, die 1896 in Kairo ans Licht kamen und die, welche 50 Jahre später in Nag Hammadi in Oberägypten gefunden wurden, belegen, dass Maria eine führende Rolle in der Urgemeinde und in der Verkündigung des Evangeliums gespielt hat und vorher eine spirituelle Gefährtin Jesu gewesen sein muss. Dieses sehr spät entdeckte „Evangelium der Maria Magdalena" berichtet von ihrem innigsten Verhältnis zu Jesus. Ja, es berichtet gar, dass sie sich geküsst haben. Dieses Verhältnis zu Jesus wird ja auch im Erscheinungsbericht des Johannesevangeliums deutlich, wo Maria den Auferstandenen nicht mit Rabbi anspricht, eine auf Distanz bedachte Anrede, sondern mit „Rabbuni", „<u>mein</u>" Meister, was doch eine zärtliche und zutiefst vertraute Beziehung zu Jesus deutlich macht. Und diese spät gefundenen „apokryphen Schriften" berichten auch von Petri Eifersucht und seine Rivalität mit Maria, die daraufhin beschwichtigend auf ihn einwirken musste. Zusätzlich zu den gefundenen Schriften berichten noch viele Legenden, in denen doch auch immer ein gewisser geschichtlicher Hintergrund steckt, von Marias nachösterlichen großen Wirken. So soll sie zusammen mit dem Apostel Jakobus und Lazarus bis nach Süd-Frankreich gekommen sein (in der schwarzen Sara in

„Les-Sainte-Maries-de-la-Mer" sei sie gelandet) und dort missioniert haben. Sie spielt bis heute in Frankreich eine große Rolle und wird dort noch immer hochverehrt. Und der Name „Madeleine" (abgeleitet von Magdalena) ist noch immer ein sehr häufiger Mädchenname. Ein Bild in der Kapelle der „Hotellerie" der Dominikaner in Sainte Baume in Süd-Frankreich, 30 km von Marseille, das dort in einer Grotte gefunden wurde, in der Maria eine zeitlang gelebt haben soll, zeigt ihre Begegnung mit dem Auferstandenen.

Begegnung der Maria Magdalena mit dem Auferstanden – Bild aus der Grotte von Sainte Baume

Das Volk von Marseille soll sich sehr gewundert haben über ihre Schönheit und über die Süßigkeit ihrer Rede erstaunt gewesen sein (aus „Legenda Aurea", S. 473). Ein ebenfalls in der Grotte von Saint Baume gefundenes und in Vergessenheit geratenes Bild, auch heute dargestellt in der Kapelle der „Hotellerie Sainte Baume", zeigt Maria Magdalena als Predigerin in Marseille.

Maria Magdalene als Predigerin in Marseille – Bild aus der Grotte von Sainte Baume

Ja viele Bilder soll es in Frankreich gegeben haben, in denen Maria als Predigerin dargestellt war. Sie sind aber alle entfernt worden, nachdem im 7. Jahrhundert Papst Gregor I. die stadtbekannte Sünderin in Lukas 7, 36-38 und die Ehebrecherin in Joh. 8,2-11 mit Maria Magdalena gleichsetzen ließ. Obwohl doch schon Augustinus im 4./5. Jahrhundert und später noch einmal im 13. Jahrhundert Thomas von Aquin Maria Magdalena als die „Apostelin der Apostel" bezeichnet hatten! Das, was Papst Gregor damit angerichtet hatte, bewirkte im Mittelalter einen gewaltiger Schritt in der zunehmenden Zurücksetzung, ja der Diskriminierung der Frauen in der Kirche.

b.) Wie war das Verhältnis des Apostel Paulus zu den
Frauen seiner Zeit?
(einiges ist entnommen aus einem Aufsatz von Monika
Konigorski: „Frauen in der Kirche - Prophetinnen,
Jüngerinnen, Apostelinnen")

Viele Textstellen im Neuen Testament bezeugen, dass Paulus
mit einigen Frauen eine intensive Beziehung, ja sogar tiefe
Freundschaft, pflegte:
Da ist eine Purpurhändlerin Lydia, wahrscheinlich eine ehema-
lige Sklavin aus Lydien, gegenüber der Insel Lesbos gelegen.
Meist wurden solche Sklaven-innen lediglich nach ihrer Herkunft gerufen. Sie war als Händlerin und Purpurherstellerin sicher wohlhabend. In Apostelgeschichte (Apg. 16,13-15) wird
von ihr in einigen wenigen Sätzen erzählt. Sie lebte in Philippi
und spielte wohl dort eine bedeutende Rolle bei der Verbreitung
des neuen Glaubens. Sie ist überhaupt die erste erwähnte Christin
auf europäischem Boden und sie gehörte wohl zu den Frauen, die
in der frühen Kirche eine Hausgemeinde leitete und mit Paulus
zusammenarbeitete. Philippi war eine an einem wichtigen Han-
delsweg gelegene Stadt zwischen Kleinasien und Griechenland
und daher eine nicht unbedeutende kleine Stadt. Dort trifft Paulus
und Silas am Fluss vor dem Stadttor auf sie. Lydia war eine Got-
tesfürchtige. So hört sie den Worten des Paulus aufmerksam zu,
und Gott „öffnet ihr das Herz" (Apg.16,14) und so lässt sie sich
samt ihrer ganzen Hausgemeinschaft taufen und nimmt Paulus in
ihrem Hause auf. Sie versammelte danach auch ganz sicher in
ihrem Haus eine kleine Gemeinde (Apg.16,40) und später wird
sie wohl auch, was in anderen Berichten des Paulus über die Gemeinde von Philippi berichtet wird, die Gemeinden in Korinth
mit ihrem Vermögen unterstützt haben. Lydia hat ganz sicher als
Erstbekehrte in Philippi und als eine selbstbewusst auftretende
Gastgeberin eine führende Rolle in der Gemeinde eingenommen.
Warum aber wird in der Apostelgeschichte von ihren sicher sehr
großen Aktivitäten nur kurz berichtet? Sehr wahrscheinlich hat
schon bei Lukas, der sich in seinem Evangelium noch als

Frauenfreund gibt, da dort von Frauen noch am meisten berichtet wird, in seiner viel später geschriebenen Apostelgeschichte, wie ich schon oben ausführlich beschrieben habe, ein allmählicher Prozess begonnen, die Frauen auf ihre Rolle als Gastgeberin und Zuhörerinnen (Lk.10,38-42) zu beschränken und in ihrer Wirkung als Verkünderinnen zurückzudrängen.

Da ist bei Paulus das Ehepaar Prizilla und Aquila in Korinth, Ephesus und in Rom (Röm. 16,3 u.a.), das schon in der Apostelgeschichte (Apg. 18,2+18) kurz Erwähnung findet, auf die ich später noch ausführlicher eingehen werde.

Da ist die Appia in Kolossä (Philemonbrief 1,2), die Nympha von Laodizäa (Kol. 4,15) und Phöbe in Korinth (Röm. 16,1) von der ich ebenfalls noch ausführlicher berichten werde.

Ja, man muss sich einmal den Schlusstext in Röm. 16, 1-18 auf der Zunge vergehen lassen, welche Wertschätzung Paulus den in den ersten Gemeinden äußerst aktiven Frauen entgegenbringt:

„Ich empfehle euch unsere Schwester Phöbe, die in den Diensten der Gemeinde von Kenchreä (südliche Vorhafenstadt von Korinth) steht: nehmt sie im Namen des Herrn auf, wie es Heilige tun sollen, und steht ihr in jeder Sache bei, in der sie euch braucht; sie selbst hat vielen, darunter auch mir, geholfen. Grüßt Priska und Aquila, meine Mitarbeiter-in in Christus Jesus, die für mich ihr eigenes Leben aufs Spiel gesetzt haben; nicht allein ich, sondern alle Gemeinden der Heiden (gemeint sind die Heidenchristen im Gegensatz zu den Judenchristen) sind ihnen dankbar. Grüßt auch die Gemeinde, die sich in ihrem Haus versammelt. … Grüßt Maria, die für euch viel Mühe auf sich genommen hat. Grüßt Andronikos und Junia, die zu meinem Volk gehören und mit mir im Gefängnis waren; sie sind angesehene Apostel-innen und haben sich schon vor mir zu Christus bekannt. … Grüßt Tryphäna und Narzissus, die für den Herrn viel Mühe auf sich nehmen. Grüßt die liebe Persis; sie hat für den Herrn große Mühe auf sich genommen. Grüßt Rufus, der vom Herrn erwählt ist; grüßt seine Mutter, die auch mir zur Mutter geworden ist. … Grüßt Philologus und Julia, Nereus und seine Schwester, Olympas, und alle Heiligen, die bei ihnen sind. Grüßt einander mit dem heiligen

Kuss. Es grüßen euch alle Gemeinden Christi." Was steckt doch in diesem Text so viel Liebe, Zärtlichkeit und Zuneigung gegenüber all den Mitarbeiter-innen in den Gemeinden von Korinth. Neun Frauen, 17 Männer und fünf Paare, die namentlich genannt werden. Hier werden auch mindestens 9 Hausgemeinden aufgezählt. Daraus schließen Geschichtswissenschaftler, dass es in Korinth zur Zeit des Paulus schon zwischen 100 und 150 Christen gegeben hat.
 Bei Paulus hatten Frauen verantwortungsvolle Aufgaben:

Da war die in Röm.16 genannte Phöbe. Sie war Diakonin, nicht wie im heutigen Sinne, denn die Ämter waren bis dahin noch gar nicht entwickelt. Ganz zu schweigen sprach man damals von „sakramentalen" Ämtern: Diakon, Priester und Bischof. - Diese Ämterdefinitionen setzten erst gegen Ende des 2. Jahrhunderts an, 100-150 Jahre nach Paulus. Tertullian war wohl der Erste, der den Begriff „Sakrament benutzte, entlehnt aus dem römisch-

heidnischem Verständnis von „mysterion" (griech.) und „sacer" (lat.) „heilig, unverletzlich"(dt.).
Phöbe war es, die im Jahre 55 n.Chr. den Brief von Paulus an die Gemeinde in Rom, die zu der Zeit nach Schätzungen auch schon um die 100 Mitglieder betrug, überbrachte. Dies war damals etwas anderes, als ein Gemeindeblatt aus zutragen. Es war nämlich nicht nur gefährlich, sondern beinhaltete auch, dass der Überbringer der Ge-

Diakonin Phöbe (englische Ikone)

meinde den Inhalt erklären konnte, wenn die Christen-innen etwas nicht verstanden hatten. Denn wir wissen ja, dass der Römerbrief in Teilen sehr hohe Theologie ist (ich denke da nur an die „Rechtfertigungslehre" des Paulus) und für manche Leser eine harte Nuss bedeutet. Paulus vertraute Phöbe also völlig, dass sie alles in seinem Sinne weitervermitteln würde, und er hatte den Text ganz sicher vorher mit ihr intensiv durchgesprochen. Damit hatte Phöbe eine zentrale Bedeutung für die Ausbreitung des Evangeliums. Paulus arbeitete von Anfang an mit Frauen genauso zusammen wie mit Männern. Auch zwischen dem Ehepaar Priska und Aquila machte er keinen Unterschied. So debattierte er nicht mit Aquila über theologische Fragen, während Priska Tee und Gebäck servierte. Nein. Paulus stellte sogar Priskas Bedeutung in seinen Briefen dadurch heraus, indem er sie als Erste nennt, noch vor ihrem Ehemann. Siebenmal werden die beiden von ihm genannt und dabei steht Priska fünfmal an erster Stelle. Für die damalige Zeit war dies völlig unüblich. Der Wichtigste wurde zuerst genannt, und das war immer der Mann. Wenn Paulus davon abweicht und Priska zuerst nennt, dann muss sie wirklich bedeutend gewesen sein, mehr noch als ihr Ehemann.

Pauls ignorierte bewusst damalige kulturelle Gepflogenheiten, um die Arbeit der Frau besonders hervorzuheben.

In den neuen Gemeinden hatten Frauen „Ämter" (in Anführungszeichen) wie auch die Männer. Sie waren sogar Lehrende. Das war bisher undenkbar gewesen. Eine Frau, die Männer lehrte? Wir können uns heute kaum vorstellen, welch ein unglaublich großer Schritt das war. Aber genau das tat Priska, und zwar auf akademischem Niveau. Einer ihrer Schüler war nämlich Appolos aus Alexandrien, ein redegewandter Jude, sicher ein im heutigen Sinne Hochschulabsolvent in einer der damals bedeutendsten Universitätsstädten, in Alexandrien in Ägypten. Er war ein glänzender Rhetoriker, bibelfest und erfüllt vom Geiste Jesu. Priska und Aquila luden Apollos zu sich nach Hause ein und führten ihn in die christliche Lehre und in den neuen Weg des Evangeliums ein. Dass Apollos ein außerordentlich kluger und Gottsuchender Mann gewesen sein muss, zeigt sich darin, dass er sich von einer

Frau unterrichten lässt, einer Frau, die wohl keinen Schulabschluss besaß (Zeltmacherin war sie mit ihrem Mann), geschweige denn eine Universität jemals von innen gesehen hatte. Doch ihm war es wichtiger vom christlichen Glauben zu erfahren, zu lernen und zu studieren. Und da war es ihm egal ob ihn eine Frau oder ein Mann unterrichtete.

An diesem Punkt stellt sich nun die Frage, warum nur schreibt Paulus im ersten Korintherbrief (1 Kor.14,34-35), dass „die Frauen in der Gemeinde (Versammlung/Gottesdienst) zu schweigen haben" und „zuhause ihre Männer „fragen sollen", wo er doch noch drei Kapitel vorher schreibt: „Eine Frau aber entehrt ihr Haupt, wenn sie betet oder <u>prophetisch redet (in der Gemeinde</u>) und ihr Haupt nicht verhüllt" (1. Kor. 11,5). Prophetisch reden heißt im Verständnis von Paulus: „Lehren"! Aus diesem Satz geht doch eindeutig hervor, dass in der Zeit des Paulus Frauen im Gottesdienst, in der Versammlung der Gemeinde nicht nur mitbeteten, sondern auch mitredeten. Von der Belehrung bezüglich der Kopfbedeckung der Frauen in der Versammlung in diesem Kapitel (1 Kor.11,2-16) sei hier einmal abgesehen. Hier ist Paulus noch sehr den gesellschaftlichen Bräuchen der damaligen Zeit verhaftet, in der es sowohl bei den Griechen wie auch bei den Juden Sitte war, dass eine Frau in der Öffentlichkeit ihr Haar verhüllte. Bei den Juden war dies noch zusätzlich begründet mit der jahwistischen Vorstellung des Schöpfungstextes von Gen. 2, 21-24, wo Gott die Frau aus der Rippe des Mannes formte, so dass sie dem Manne untergeben sei. Doch Paulus relativiert seine noch im damaligen patriarchalischen Denken verhafteten Worte mit dem später folgenden Satz in 1.Kor. 11,11-12: „Doch im Herrn kann weder die Frau ohne den Mann, noch <u>der Mann ohne die Frau sein</u>. Denn wie die Frau vom Manne stammt, <u>so kommt der Mann durch die Frau zur Welt</u>; <u>alles aber stammt von Gott</u>." Hier scheint schon seine emanzipatorische Anschauung von der Gleichheit von Mann und Frau durch, da sie doch beide, Mann und Frau, von Gott stammen (Gen.1, 26-27) und so durch ihre Gottebenbildlichkeit gleich sind! Aber Paulus lässt es schließlich offen, was die Verhüllung der Frauen anbelangt und stellt es in die Entscheidung der Gemeindemitgliederinnen indem er in 1 Kor, 11,13 sagt: „Urteilt (entscheidet) selbst (in dieser Angelegenheit)!" Also will er hier der Gemeinde keine absolute Vorschrift machen. - Ganz sicher aber lässt dieser Text keinen Zweifel daran, dass Frauen wie selbstverständlich in der Versammlung dabei sind (was bei den Juden meist nicht möglich war) und dass sie auch selbstverständlich das Wort ergreifen konnten zum Gebet und zur Predigt (prophetisch reden). - Aber da steht doch immer noch der Satz drei Kapitel weiter, in 1 Kor. 14,34 im Raum: ***Wie in allen Gemeinden der Heiligen sollen die Frauen in der Versammlung schweigen; es ist ihnen nicht gestattet zu reden.*** Sie sollen sich unterordnen, wie auch das Gesetz es fordert." Dieser entscheidende Satz hat leider Gottes anschließend die Zeiten bis zum II. Vatikanischen Konzil entscheidend geprägt und die Frauen nach Paulus so allmählich wieder an ihren von Männern zugewiesenen Platz, in Küche, Kinder und Kirche (Kirche aber nur im andächtigen Zuhören und in der Erziehung der Kinder, worin die Frauen sicher sehr Großes in der Weitergabe des Glaubens geleistet haben) zurückgedrängt. Ja, bis zum heutigen Tag, da Frauen noch immer von allen Weiheämtern ausgeschlossen sind! - War Paulus letztendlich doch ein Frauenfeind? Ein Macho? Diese Frage bedarf einer späteren eingehenden Erörterung.

c. Wie war die Stellung der Frauen in der Kirche
   vom   Altertum über das Mittelalter bis in die
   heutige Zeit?

In einer in Rom abseits der der Touristenpfade befindlichen sehr alten und unscheinbaren Kirche, fast auf Tuchfühlung von Santa Maria Maggiore, präsentiert sich ein kleines Paradies für Liebhaber von Mosaiken. Auf edlem Goldgrund zeigen die schimmernden Bilder Christus, das himmlische Jerusalem, Maria, Engel, Vögel, Lämmer, Löwen und Blumenranken. Und, für manche vielleicht provokant: **eine Bischöfin**. Im Wesentlichen befindet sich die kleine unscheinbare Basilika namens Santa Prassede al Esquilino noch in dem Zustand wie sie Papst Paschalis I. (817-824) umbauen und gestalten ließ. Bei dieser im Mosaik dargestellten Bischöfin handelt es sich um die Mutter von Papst Paschalis: „*Theodora episcopa*". Dass sie nicht nur „Papstmutter" war, die zu der Zeit auch mit „*episkopa*" tituliert wurde, so wie auch die Ehefrau eines Bischofs tituliert wurde, sondern auch wirklich „Bischöfin" war, zeigt eine Inschrift auf einer Reliquientafel, in der die Geehrte erneut als „episcopa" **und** Papstmutter genannt wird: „… wo der Körper seiner (Paschalis`) gütigsten Mutter, <u>der Herrin</u> (domnae) Theodora, <u>der</u> <u>Bischöfin</u> (episcopa), ruht …"
Es spricht sehr viel dafür, dass diese Theodora, wie auch noch andere Frauen aus den gehobenen Ständen im 9. Jahrhundert, sehr stark in kirchlichen Leitungs- und/oder Verwaltungsaufgaben eingebunden war.

Erstaunlicherweise hielt sich das **Frauendiakonat** in der byzantinischen Kirche noch sehr lange Zeit, wohingegen in der römischen Kirche so gut wie von keinen Diakoninnen berichtet wird. Seit 2005 sind durch eine Entscheidung der „Heiligen Synode" in der Griechisch-Orthodoxen Kirche wieder Diakoninnen zugelassen.
Aber in allen großen Kirchen konnten Frauen niemals Priesterin werden. Trotzdem war im Altertum bis in die Neuzeit die

Religion eine gute Möglichkeit, sich etwas Selbstbestimmung und einen gewissen Einfluss zu verschaffen. Denn das Mittelalter war von mächtigen Männern geprägt, die meist wenig vom weiblichen Geschlecht hielten. Nach der Vorstellung damals war ja das weibliche Gehirn sowieso kleiner als das der Männer. Chancen hatte nur, wer von Geburt an privilegiert war. Wer von niedrigem Stande war, arm und ohne mächtige Verwandte, der hatte überhaupt keine Möglichkeit aufzusteigen. Die meisten, aber doch sehr wenige, aus der gehobenen Adelsschicht herausragenden weiblichen Persönlichkeiten des Mittelalters stammten aus Klöstern und Stiften. In dieser Zeit konnten Frauen, die ihr Leben der Religion widmen wollten, Nonnen werden. Dies war eine Alternative für Töchter aus reichen Adelsfamilien, für die noch kein standesgemäßer Ehepartner gefunden worden war. Die Klostermauern trennten die Frauen von der Gesellschaft – vor allem von den Männern draußen. Diese Trennung bedeutete aber auch Freiraum und Schutz und die Chance auf eine gute Versorgung und vor allem Bildung. Nonnen und Stiftsdamen lernten lesen und schreiben, da sie sich ja mit den religiösen Texten befassten und diese oftmals auch vervielfältigen sollten. Zudem konnten die Äbtissinnen eigenverantwortlich Klöster oder Kirchen bauen lassen, die so manche Städte noch heute prägen. Zu den Klöstern und Stiften gehörten oft zahlreiche Ländereinen. Die Äbtissinnen herrschten über die dort lebenden Bauern und sprachen Recht.
Ein Beispiel ist das Stift Essen (an der Ruhr). Das Stift besaß Ländereien zwischen Emscher und Ruhr mit rund 3000 Bauernhöfen. Die Siedlung rund um das Stift erhielt im 13. Jahrhundert Stadtrechte und die Äbtissinnen stiegen gar zu Reichsfürstinnen auf. Damit waren sie nicht nur Landesherrinnen über das Reichsfürstentum Essen, sondern auch mit einem Sitz im Reichstag vertreten. Dank des Schutzes durch den Kaiser konnten die Äbtissinnen ihre Vormachtstellung gegen die aufbegehrenden Patrizier der Stadt lange Zeit aufrechterhalten.
Zwei herausragende Frauen des Mittelalters in Deutschland seien genannt:

Hildegard von Bingen, Äbtissin im 11. Jahrhundert im Kloster Eibingen: Sie ist vor allem bekannt durch ihre Visionen und göttlichen Eingebungen. In der Schrift „Scivias" – „Wisse die Wege" hat sie diese niedergeschrieben. Außerdem hat sie viele naturheilkundliche Abhandlungen verfasset, die bis heute noch große Beachtung genießen. Hildegard ging bis ins hohe Alter auf Reisen und predigte vor zahlreichen Anhängern. So wurden auch die Mächtigen ihrer Zeit auf sie Aufmerksam. 1163 rief Kaiser Friedrich I., Barbarossa, sie als Beraterin auf seinen Hof. Sie scheute sich nicht, mächtige Männer in ihren Briefen mit deutlichen Worten zu ermahnen und ins Gewissen zu reden. Selbst vor dem Kaiser machte sie dabei nicht Halt.

Da ist Hrotsvit (Roswitha) von Gandersheim, die im 10. Jahrhundert gewirkt hat. Sie lebte im Stift Gandersheim und gilt als erste deutsche Dichterin. Sie war sehr gebildet und verfasste auf Latein herausragende Dramen. Auch als Historikerin tat sich Hrotsvit hervor. Im Stift unterstützte man ihre künstlerische Tätigkeit, was zu der Zeit äußerst ungewöhnlich war. Dabei spielte vermutlich ihre Verbindung zum Herrscherhaus eine Rolle: Die Äbtissin des Stifts, Geberga, war wohl die Nichte von Kaiser Otto I.

Außerhalb des deutschsprachigen Raums sind noch sehr bekannt: Katharina von Siena im 14. Jahrhundert und Theresia von Avila im 16. Jahrhundert. Katharina von Siena war eine italienische Mystikerin und Kirchenlehrerin. In Avignon gelang es ihr 1376 mit deutlichen und mahnenden Worten Papst Gregor XI. zur Rückkehr nach Rom zu bewegen. Denn damals lebten die Päpste siebzig Jahre lang in Avignon. Sie ließen es sich dort sehr gut gehen und lebten dort, auch in sexuellen Ausschweifungen, in Saus und Braus.

Theresia von Avila wirkte im 16. Jahrhundert in Spanien. Ihr Großvater väterlicher Seite war ein sephardischer Jude aus Toledo, der auf Druck der fortschreitenden Reconquista in Spanien zum Christentum übertrat und anschließend einen Adelsbrief erwarb und nach Avila zog, um dort ein neues Leben zu beginnen. Theresia ging nach einigen Umwegen in ein Karmeliterkloster, im dem sie zur Priorin aufstieg. Während ihrer vielen

Krankheiten hatte sie immer wieder mystische Erlebnisse. Sie stand in engster Verbindung mit Johannes vom Kreuz. Später gründete sie nach vielen Schwierigkeiten mit 13 Schwestern ein eigenes Reformkloster, die „Unbeschuhten Karmelitinnen", in dem sie die Geschwisterlichkeit, Freundschaft und konsequentes Leben in apostolischer Begeisterung in den Vordergrund stellte und dem damaligen Rigorismus mit aufsehenerregenden Buß- übungen (Selbstgeißelung und extremes Fasten) abschwor. Viele Briefe, Meditationen und Literatur sind von dieser hochgebildeten und spirituellen Frau und Mystikerin überliefert.

In der Neuzeit sei als herausragende Frau Edith Stein genannt. Sie lebte im vergangenen Jahrhundert. Sie war eine deutsche Philosophin, war wissenschaftliche Assistentin des Philosophen Edmund Husserl in Freiburg und Frauenrechtlerin jüdischer Herkunft. Nachdem sie die Lektüren und die Autobiographie von der Hl. Theresia von Avila gelesen hatte, trat sie 1922 zum katholischen Glauben über und 1933 in einen Karmel in Köln (Unbeschuhte Karmeliterinnen). Und da sie ja jüdischer Herkunft war, trat sie nach der Reichsprogromnacht 1938 in den Karmel in Echt in den Niederlanden ein. Doch entkam sie auch dort nicht den Nazis und wurden am 9. August 1942 im Vernichtungslager Auschwitz-Birkenau zusammen mit ihrer Schwester in der Gaskammer ermordet.

Von all diesen genannten Frauen sind uns sehr viele theologische und spirituelle Schriften überliefert, die uns heute noch geistig erbauen und die wir auch in Kalendersprüchen oder Glückwunsch- oder Beileidskarten oft wiederfinden können.

Noch zu erwähnen seien unbedingt die im 19. Jahrhundert nach der Säkularisation entstandenen caritativen weiblichen Orden, die bewusst zölibatär und in Gemeinschaft lebend sich ganz darauf konzentrierten, in den armen ländlichen Gebieten Europas den Kranken, Waisen, den ärmsten Bauern und den kinderreichen armen Familien zu helfen und zur Seite zu stehen. Hier sei repräsentativ aus meinem Bistum Limburg eine sehr starke Frau erwähnt, die erst kürzlich heiliggesprochene Maria Katharina Casper, welche aus dem äußerst armen und kargen Westerwald, aus Dernbach bei Montabaur, stammte, Tochter eines zweimal verwitweten Bauern mit acht Kindern. Mit 24 Jahren gründete sie mit 4 Gleichgesinnten aus dem Dorf einen Verein, der sich der häuslichen Pflege von Kranken und Alten sowie der Kinderbetreuung widmete. Drei Jahre später schon erbaute der Verein mit Unterstützung anderer Einwohner von Dernbach ein eigenes Haus, in dem sie fortan miteinander lebten. Drei Jahre später schon konnten sie aufgrund Katharinas Hartnäckigkeit ihrem Bischof die Anerkennung einer Ordensgemeinschaft abringen. Und schon 17 Jahre später entstand in den USA die erste Niederlassung der *„**Armen Dienstmägde Jesu Christi**“* und weitere folgten.

Doch diese wenigen Frauen, welche fast ausschließlich aus den gehobenen Schichten der Gesellschaft stammten, war es aber doch auch nicht möglich, zu höheren Weiheämtern aufzusteigen. Denn offiziell hielt sich die Kirche bis in die Neuzeit, selbst über die Aufklärung hinaus, an die gesellschaftliche Sitte, Frauen ganz hintenanzustellen. Hinzu kam noch die archaische und auch aus der alten jüdischen Lehre stammende Vorstellung, dass die Frau während ihrer Menstruation unrein sei. Damit würde sie ja dann auch den heiligen Altarraum verunreinigen.
Die Kirche legte Anfang des letzten Jahrhunderts im neuen Kirchenrecht sogar schriftlich fest, dass Frauen keine Priester werden können und somit auch von allen vorausgehenden Weiheämtern ausgeschlossen sind. Also Frauen sind überhaupt nicht weihefähig und der Kirche ist es nach dem von Papst Johannes Paul II. nochmal dogmatisch festgeschriebenen Schreiben „Ordinatio Sacerdotalis“ von 1994, welches der damalige Präfekt der Glaubenskongregation, Kardinal Josef Ratzinger verfasste, nicht erlaubt, Frauen zu Priestern zu weihen. Dieses quasi dogmatische Schreiben wurde noch nicht einmal vor der Veröffentlichung in einer Weltbischofskonferenz vorgestellt, geschweige denn mit den Bischöfen vorher erörtert. Die Begründung lautet: Jesus hat nur die „Zwölf“ zum Priesteramt berufen und das waren Männer! Und deshalb können nur Männer Jesus Christus in den

Sakramenten repräsentieren, weil ja auch Jesus ein Mann war. – Ist nicht Gott an Weihnachten Mensch geworden? Oder ist Gott nur Mann geworden? Gehören die Frauen nicht zur Menschheitsfamilie, nur die Männer? Sind nur die Männer durch Jesu Menschwerdung, durch sein Leiden und Sterben erlöst und die Frauen mit all ihren Leiden, vor allem auch mit den von Männern zugefügten Leiden, bleiben unerlöst? In Gen. 1,26-27 ist aber doch klar ausgesagt, dass der Mensch als Mann und als Frau, gleichberechtigt nebeneinander, Gottebenbildlich ist/ sind! Wenn aber dann die Frauen nach Meinung des von Männern gemachten Kirchenrechts niemals Jesus repräsentieren können, in „persona Christi" handeln können, dann gehören konsequenterweise auch die Frauen nicht zum „allgemeinen Priestertum" aller Getauften und Gefirmten (so 1. Petr. 2,9), welches doch wieder im II. Vatikanischen Konzil eine Aufwertung bekommen hat. – Was ein Irrsinn!

Gott hätte ganz sicher auch in einer Frau Mensch werden können. Denn es gab ja in Israel auch immer wieder große Frauen und auch tapfer auftretende Prophetinnen, z.B. die Sara, Mirijam, Debora, Hanna, Abigajil, Hulda und Ester. Von letzter ist uns ein eigenes Prophetenbuch im Alten Testament überliefert. Doch ich glaube, eine Frau mit dem Anspruch und dem Auftreten wie Jesus, wäre zur damaligen Zeit, wo meist noch nicht einmal Frauen in den Synagogengottesdiensten anwesend sein durften, gleich schon zu Anfang mundtot gemacht und gesteinigt worden.

Mit der im Kirchenrecht festgeschriebenen Weiheunfähigkeit der Frauen sind diese auch von allen Weihevorstufen zum Priesteramt (Akolythen (dazu gehören auch die Messdiener) und Diakonenweihe) ausgeschlossen. Papst Franziskus lässt zurzeit prüfen, ob das Diakonat der Frau (wohlbemerkt nicht das Diakonat als Vorstufe zur Priesterweihe) kirchengeschichtlich begründet werden kann. Er warnt aber die Frauen vor einer Klerikalisierung, sollten sie zum Diakoninnen-Amt zugelassen und geweiht werden.

An dieser Stelle müsste einmal der Begriff des „Klerikers" gegenüber dem Begriff des „Laien" in der Kirche näher untersucht werden:
„Kleros" aus dem altgriechischen ist der, „der durch das Los das Land erbt": d.h. in die theologische Sprache übersetzt: Der „Erbe des Reiches Gottes". - Aber sind denn nicht alle getauften Christ-innen Erben des Reiches Gottes, ja „Erben Gottes und Miterben Christi", so heißt es doch bei Paulus in Röm. 8,17?
Was den Begriff Laie, „Laios" aus dem griechischen abgeleitet, anbelangt, so bedeutet er übersetzt: „der zum Volk gehört". - Ja gehören denn nur die „sogenannten Laien" in der Kirche zum „Volk Gottes" und nicht auch die „sogenannten Kleriker"? Oder sind Letztere doch noch über allen Laien hoch erhoben, ja sogar noch, so wie es von den Priestern früher behauptet wurde, über die Engel gestellt. Wenn dem so ist, dann sollte man wirklich die Frauen vor einem solchen Klerikalismus um Himmels Willen bewahren. Wenn dem aber nicht so ist, wenn also tatsächlich die Geweihten und die Nichtgeweihten in der Kirche gleich Erben Gottes und Miterben Christi sind und zum gleichen Volk Gottes gehören, warum müssten dann nicht auch Frauen zum Diakonat und auch zu allen anderen Ämtern in der Kirche zugelassen werden. (Und konsequenterweise müssten eigentlich dann auch theologisch ausgebildete sogenannte „Laien" (das Wort „Laie" benutze ich völlig ungern, weil mit diesem Begriff heute „nicht schulisch professionell Ausgebildete" gemeint sind) nach einer besonderen intensiven Schulung und anschließender Beauftragung die Sakramente spenden dürfen, wie dies schon lange in den ev. Kirchen durch Prädikant-innen praktiziert wird!).
Hat nicht auch in der Vergangenheit der über allem erhabene Klerikalismus zu all den schrecklichen Missbräuchen, bis hin zu den in den letzten Jahren aufgedeckten mannigfaltigen sexuellen Missbräuchen und Vertuschungen geführt. Ja, ein solcher missbrauchter und missverstandener Klerikalismus sollte sehr schnell in die Schublade der Geschichte verschwinden. Dieser Klerikalismus hat angefangen mit der konstantinischen Wende, wo Diakone, Priester, Bischöfe und Kardinäle auch zu weltlichen

Ämtern und Machtstellungen aufstiegen und bis zur Säkularisation sogar zu Fürstbischöfen oder Fürstäbte aufstiegen, die über ganze Regionen herrschten und sogar Kriege führten. „Bei euch soll es aber nicht so sein! Wenn einer von euch der Erste sein will, dann soll er der Diener aller sein!" – so spricht Jesus zu seinen Jüngern in Markus 10,44. Davon sind wir, außer in so manch schöner sonntäglicher Liturgie- und Predigtsprache, aber in der Praxis noch weit weit entfernt.

d. Priesterinnen während der kommunistischen Unterdrückung in der Tschechoslowakei

Eine Ausnahme von Priesterinnen gab es während der äußerst starken kommunistischen Unterdrückung der Kath. Kirche in der ehemaligen Tschechoslowakei: Auf ausdrücklichen päpstlichen Wunsch (Pius II.) wurden in diesem Land zur Zeit der Unterdrückung Bischöfe und Priester im „Untergrund" geweiht. Sie übten ihr Amt unter Einsatz ihres Lebens aus. Diese „Verborgene Kirche" oder „Ortskirche im totalitären System", wie sie sich nannte, lebte im Widerstand konspirativ. Um die Spendung der Sakramente für viele Frauen und Nonnen auch in den zahlreichen Frauengefängnissen zu gewährleisten, beschloss eine Synode der vom Staat verbotenen Kirche auch Frauen zu Priesterinnen zu weihen. Auch wurden aus seelsorglichen Überlegungen heraus verheiratete Männer geweiht, die weiterhin ihren Beruf ausübten und so in der säkulären Gesellschaft verwurzelt blieben. Nach der Wende fiel die Untergrundkirche, die sich immer als selbstverständlichen Teil der Kath. Kirche verstanden hatte, bei der Kirchenleitung in Ungnade und wurde abrupt von dieser gestoppt. Alle Weihen von verheirateten Priestern und Priesterinnen wurden für ungültig erklärt. -Wurden dadurch nicht auch alle Sakramente, die diese Priester und Priesterinnen in dieser Zeit der schweren Christenverfolgungen in der Tschechoslowakei gespendet hatten, für Null und Nichtig erklärt? - Hier wurde damals nach der Wende ganz sicher die große Chance für ein missionarisches Model von Kirche unter den Menschen und mit den Menschen in allen ihren Lebensbedingungen verpasst.
Die heute 89-jährige Ludmilla Javarova aus Brünn ist eine von einem Dutzend geweihten katholischen Priesterinnen. Sie war sogar die Generalvikarin des 1988 gestorbenen Brünner Geheimbischofs Felix Davidek, der sie auch zur Priesterin geweiht hatte. Sie und ihre Mitgeweihten erleiden heute das schlimme Schicksal, von der Kirche, der sie unter Lebensgefahr gedient hatten, vergessen zu werden. Ludmilla arbeitete nach der Wende

unerkannt als Lehrerin. In einem kurzen Gespräch vor der Haustür mit dem Journalisten Joachim Bauer sagte sie, „sie sehe sich jetzt von Vertretern der Kirche verfolgt. Daher meide sie die Öffentlichkeit". Diese katholischen Priesterinnen werden einfach übergangen und totgeschwiegen und durch Bespitzelung zum Schweigen gebracht als hätte es sie nie gegeben, weil es sie kirchenrechtlich nicht geben darf, nach dem Motto: „Was nicht sein kann, das nicht sei darf". Aber sie waren zusammen mit 150 – 200 verheirateten katholischen Priestern das Rückgrat der Seelsorge in der kommunistisch beherrschten Tschechoslowakei. Für die verheirateten Priestern fand Rom Lösungen, beispielsweise als Priester der mit Rom unierten Orthodoxen, die ja verheiratete Priester kennen. Um die Frauenpriesterinnen, die in der Zeit der Verfolgung gebraucht wurden, kümmerte sich niemand mehr, nach einem anderen Motto: „Der Mohr hat seine Schuldigkeit getan. Der Mohr kann gehen!" Mit den sehr wohl auch im Geheimen agierenden Priestern mit Berufsverbot, den sogenannten „Friedenspriestern", die aber doch mit dem brutalen Regime kollaboriert und von ihm profitiert haben, ging nach der Wende die Kirche nachsichtiger um. - Ja, ein Verstoß gegen den Zölibat schien also schwerwiegender zu sein als die Kumpanei mit einem menschen- und kirchenfeindlichen Regime.

e. Noch einmal Paulus:
(einiges übernommen von der Kulturwissenschaft-lerin Annegret Braun im letzten Teil der Serie: „Gleichberechtigung in der Bibel: „Macho oder Frauenförderer" – über Paulus und die Gleichbe-rechtigung")

Warum, zum wiederholten Mal, schreibt Paulus in 1 Kor. 14,33-34, die Frau habe in der Versammlung zu schweigen, wenn er doch in 1 Kor. 11,5 wie selbstverständlich schreibt, dass die Frau in der Versammlung betet und prophetisch redet (d.h. u.a. predigt – die Schrift auslegt)?
War Paulus nicht sehr eng befreundet mit dem Ehepaar Priskilla (röm.: Priska) und Aqulia, wobei er sogar, wie schon erwähnt, überwiegend Prisca zuerst nennt? Mit ihnen ging er doch durch Dick und Dünn, wie auch umgekehrt. Die beiden waren Zeltma-cher-in, so wie auch Paulus Zeltmacher war, und hatten sich in Rom niedergelassen. Ihre römischen Namen lassen als wahr-scheinlich erscheinen, dass sie frei geboren waren und das röm. Bürgerrecht besaßen. Vermutlich kamen sie in Rom zum Glau-ben an Jesus. Als Kaiser Claudius im Jahre 49 wegen Auseinan-dersetzungen um einen gewissen „Chrestus" (Tacitus) alle Juden aus Rom auswies, oder zumindest diejenigen Juden, die an Jesus Christus glaubten – zogen Priska und Aqulia nach Korinth. Wäh-rend seiner zweiten Missionsreise wohnte Paulus bei ihnen und arbeitete mit ihnen zusammen, um seinen Lebensunterhalt zu be-streiten. Von Korinth aus begleiteten Priska und Aqulia Paulus nach Ephesus und blieben dort, während Paulus weiterzog. Hier wirkten sie selbstständig als Missionare und nahmen unter ande-rem den schon erwähnten Apollos aus Alexandrien, einem spä-teren glühenden Mitarbeiter des Paulus, in ihrem Hause auf. Die-ser war, wie schon gesagt, ein äußerst gebildeter Jude und glü-hender Anhänger Jesu, Kenner des Tanachs. In Röm. 16,3-4 be-zeichnet Paulus das Ehepaar Priska und Aquila nicht nur als seine Mitarbeiter-in, sondern auch als diejenigen, die „für mein Leben ihren Hals hingehalten haben". Die Beiden unterstützten Paulus

nämlich während einer Verfolgung und eines Gefängnisaufenthaltes (Apg. 19,23-40) und brachten sich dadurch auch selbst in große Gefahr. Nach dem Tod von Kaiser Claudius im Jahre 54 kehrten sie nach Rom zurück. Dort wurde ihr Haus, wie schon vorher in Korinth und Ephesus, Versammlungsort einer christlichen Hausgemeinde, die auch Paulus im Römerbrief grüßen lässt (Röm. 16,3-4). Und wie schon erwähnt gab es in Korinth mehrere nachweisliche Hausgemeinden in der Zeit des Paulus, die von Ehepaaren (Priska und Aqulia, Andronikus und Junia, Tryphäa und Tryphosa, Philolgus und Julia, Nereus und seine Schwester, Olympas (Röm.16,3-15) geleitet wurden, (im Falle von Priska und Aqulila mutmaßlich von der Ehefrau)). Einige Hausgemeinschaften wurden sicher auch von Frauen alleine geleitet: z.B. Lydia in der Apostelgeschichte oder „die liebe Persis; sie hat für den Herrn große Mühe auf sich genommen" (Röm.16,12) und natürlich nicht zu vergessenen die schon ausführlich geschilderte

Phöbe in Röm. 16,1! Zu Andronikus und Junia, die, so Paulus weiter: „zu meinem Volk gehören und mit mir zusammen im Gefängnis waren; sie sind angesehene Apostel-in und haben sich schon vor mir zu Christus bekannt", in Röm.16,7, sei noch zu sagen: Viele Übersetzer haben aus der „Junia" einen „Junias" gemacht, so auch heute noch in einigen Übersetzungen, auch in der „Einheitsübersetzung", obwohl doch noch der große Kirchenlehrer Johannes Chrysostomos im 4. Jahr-

Apostelin Junia rechts neben Andronikus (links) und dem Patriarchen Athanasius (mitte) – griechische Ikone

hundert mit Hochachtung über Junia schreibt: „Ein Apostel zu sein ist etwas Großes. Aber berühmt unter den Aposteln – bedenke, welch großes Lob das ist: Wie groß muss die Weisheit dieser Frau gewesen sein, dass sie für den Titel Apostel würdig befunden wurde." Erst im 13. Jahrhundert wurde aus der Junia ein „Junias" gemacht – bei Ägidius von Rom, einem Schüler von Thomas von Aquin, taucht zum ersten Mal der männliche Name auf. In dieser Zeit waren schon die Frauen längst von den Männern an ihren zugewiesenen Platz der drei „K`s" verdrängt worden.

Zusammenfassend sei zu Paulus` Verhältnis zu den Frauen gesagt: Für ihn war es ganz selbstverständlich: Frauen, wie die genannten Lydia, Phöbe, Prisca und Persis u.a.m leiten Hausgemeinden und stehen dann auch, was dem/r Gastgeber-in selbstverständlich vorbehalten war, dem gemeinsamen Mahl und „Brechen des Brotes" vor (d.h., sie vollziehen das später so benannte „Abendmahl" die „Eucharistie"). Frauen treten öffentlich auf, sind in den größeren Versammlung (dazu gehört der Gottesdienst) öffentlich beteiligt. Sie übernehmen <u>Diakoninnen</u>-Aufgaben: sie gelten als Prophetinnen, Beschützerinnen, Helferinnen, Apostelinnen – das steht alles bei Paulus außer Frage.

 Aber warum heißt es um Gottes Willen zum wiederholten Male in 1.Kor. 14,33-34, dass die Frau in der Versammlung zu schweigen habe? Wo Paulus doch so sehr mit Frauen, wie aufgezeigt, sehr eng zusammengearbeitet hat. Und er spricht immer mit Hochachtung von diesen Frauen. War er aber vielleicht doch ein Macho?

Wir wissen heute aus der Bibelwissenschaft, dass viele Aussagen von Paulus oft ungenau übersetzt oder aus dem Zusammenhang gerissen worden sind. Wenn man sie jedoch im historischen und kulturellen Kontext betrachtet, dann zeigt sich, dass er seiner Zeit weit voraus war und Jesu gleichberechtigtes Verhalten gegenüber Frauen radikal umsetzte. Ja, Paulus proklamierte eine absolute Gleichberechtigung für alle, wenn er im Galaterbrief schreibt: „Nun gibt es nicht mehr Juden oder Heiden (gemeint

waren die Heidenchristen im Gegensatz zu den Judenchristen), Sklaven oder Freie, Männer oder Frauen. Denn ihr seid alle gleich – ihr seid eins in Jesus Christus!" (Gal.3,28). Das ist der entscheidende Satz des Paulus in seinem Verständnis der absoluten Gleichheit aller Menschen vor Gott in Jesus Christus, als seine Schwestern und Brüder. Hier ist er ganz sicher der Auffassung in Gen. 1,26-27 näher als der Auffassung des Jahwisten in Gen.2,21-22. Paulus` Emanzipationsschritte waren im Vergleich zu unseren heute sehr groß: Denn Frauen im damaligen Patriachat als gleichwertig zu behandeln, ihnen Klugheit und Führungskraft zuzuschreiben, ist eine ganz andere Nummer als dies in einer Gesellschaft zu tun, die wie heute Gleichberechtigung als Grundprinzip hat. Denn bei Paulus hatten Frauen verantwortungsvolle Aufgaben: Phöbe, die 55 n.Chr. den Brief von Paulus unter Gefahren an die Gemeinde von Rom überbrachte und den sehr komplizierten Inhalt ihnen auch erklären musste. Da war die schon erwähnte Prisca, wo er keinen Unterschied machte zwischen ihr und ihrem Ehemann Aqulia! Wie kann man aber Paulus Frauenfeindlichkeit unterstellen, wenn er bewusst damalige kulturelle Gepflogenheiten ignorierte um die Arbeit der Frau besonders hervorzuheben und ihnen auf Augenhöhe zu begegnen. Wie passt nun all das zusammen mit dem alles zunichtemachenden Satz: „Die Frau habe in der Versammlung zu schweigen"?
 Heute wissen wir aus den Erkenntnissen der Bibelexegese, dass die beiden Sätze in 1 Kor.14,33-34 nicht von Paulus stammen können. Wohl von einem späteren Schülerkreis ist dieser Satz hinzugefügt worden. Denn wenn man einmal diesen Satz im Zusammenhang liest, merkt man, dass er inhaltlich und stilistisch nicht dorthin passt. Viele Exegeten sind sich außerdem ziemlich sicher, dass die beiden Korintherbriefe aus 4 Briefen zusammengesetzt sind, also ganz sicher eine spätere Bearbeitung und Ergänzungen erfahren haben und so zu zwei Briefen zusammengefasst wurden. Dabei sind natürlich stilistische Ungereimtheiten im Text und spätere gesellschaftliche Gepflogenheiten und Erkenntnisse in die allein von Paulus stammenden Briefe hineingeraten. Dem nachpaulinischen Schreiber dieser beiden Verse in

1 Kor.14 muss man aber zugutehalten, dass er es für die späteren und immer größeren Versammlungen und Gottesdienste (man feierte ja noch zu Lebenszeiten des Paulus erst in kleinen Hausgemeinschaften und später in größeren Versammlungen bis hin nach der konstantinischen Wende im 4./5. Jhd. in u.a. von den Heiden übernommenen Basiliken) für sinnvoll hielt, dass die Frauen in den großen Versammlungen zeitweise schwiegen. Denn das griechische Wort, das der Paulusschüler hier verwendet: „sigào" meint ein zeitweises Schweigen, stille sein, leise sein. Man benutzte es, wenn man im Chaos und Geschrei (griech.: „lalià" = Geschwätz, lautes Durcheinanderreden) um Ruhe bat. Aber warum wendet sich der Schreiber hier nur an die Frauen? Es war ja nicht üblich, dass Frauen und Männer gemeinsam in größeren Räumen Gottesdienst feierten. Denn bisher waren Frauen ja in den Synagogen der Juden meist nicht anwesend. Ihr Platz war zuhause, während die Männer in der Synagoge Gottes Wort hörten und darüber diskutierten. Die Frauen hatten also nicht das Wissen der Männer. Während im öffentlichen Leben Zurückhaltung von ihnen gefordert wurde, trauten sie sich in den neuen kleinen christlichen Versammlungen ihre Fragen zu äußern. Sie hatten aber keine Erfahrung, wie man sich bei öffentlichen großen Versammlungen benimmt, denn sie kannten nur die kleinen Zusammenkünfte in Hausgemeinschaften und diese meist nur mit anderem Frauen. Nun saßen sie im Gottesdienst oder in der Versammlung und sie verstanden vieles nicht vom dem, was geredet wurde und sie freuten sich sehr, ihre Freundinnen und Bekannten zu treffen. Da wundert es nicht, dass der Versammlungsleiter in den nachpaulinischen Gemeinden die Frauen ermahnte, dass doch alle diszipliniert nacheinander redeten, was ja auch schon Paulus selbst von der Gemeinde in Korinth einforderte (1 Kor. 14,26-33a,40), damit wirklich alle etwas lernten, auch die Frauen. Und auch dem nachpaulinischen Schreiber der beiden Verse in 1 Kor.14, 33b-35) ist es sehr wichtig, dass die Frauen verstehen, was in der Versammlung gesagt wird. Deshalb fordert er sie in den nachfolgenden Versen auf, zuhause ihre Männer zu fragen. Und dazu bezieht er die Männer ein. Sie sollen

ihr Wissen teilen, um die Frauen auf den gleichen Stand zu bringen. Auch sie mussten dadurch ihr Frauenbild völlig revidieren, um die Frauen nicht dumm zu halten. Das alles war in den nachpaulinischen späteren Gemeinden sicherlich gut gemeint. Aber dennoch haben diese beiden Sätze eine katastrophale Wirkung in der nachfolgenden Kirchengeschichte bis zu dem heutigen Tag nach sich gezogen.

Wir sehen also, dass schon sehr bald nach Paulus ein Verdrängungsprozess der Frauen begonnen hat. Selbst schon der sonst so frauenfreundliche Lukas lässt den Verkündigungsauftrag an die Frauen im leeren Grab durch die beiden Engel weg und in seiner viel späteren Apostelgeschichte verschwinden die Frauen, die Jesus von Galiläa bis nach Jerusalem nachgefolgt sind, nach dem Pfingstereignis aus dem Fokus des Lukas. Aber Gott sei Dank ist uns in der Apostelgeschichte doch noch die Geschichte von der ersten europäischen Christin, Lydia, ausführlich von Lukas überliefert worden, die sehr wohl verkündigt hat, wodurch viele ihrer Bekannten zum Glauben gekommen sind!

Was dann durch die verheerenden Sätze von 1 Kor. 14,33-34 in der Folgezeit passiert ist, nämlich ein völliges Ausschließen der Frauen aus der aktiven Gottesdienstbeteiligung bis hin zum Nichtbetreten dürfen des Altarraums, weil dieser ja allein schon wegen der Menstruation der Frauen verunreinigt würde, darüber müsste sich eigentlich der Apostel Paulus noch heute in seinem Grabe herumdrehen!

Dass Paulus im ältesten Glaubensbekenntnis in 1 Kor.15,3-8, in welchem der Kefas (Petrus) als erster Auferstehungszeuge genannt wird (siehe auch in Lk. 24,34: "dem Simon (Petrus) als erster erschienen") und in dem sich Paulus selbst in Vers 8 noch ergänzt, die Frauen nicht als die ersten Zeuginnen des Auferstandenen erwähnt, sei ihm verziehen. Erstens ist ihm selbst dieses schon lange vorher verfasste Bekenntnis überliefert worden, worin, wegen der schon erwähnten damals alleinigen Zeugenschaft der Männer bei Gericht und in der Öffentlichkeit, die Frauen bewusst ausgelassen wurden. Und zweitens war Paulus nach seiner Bekehrung vor Damaskus erst einige Jahre später einmal in

Jerusalem gewesen, wo er lediglich dem Petrus und dem Herrenbruder Jakobus begegnet ist. Und später war ja so gut wie nie mehr in Jerusalem, so dass er sehr wahrscheinlich den Frauen der Urgemeinde nie begegnet ist und diese deshalb gar nicht kannte.

Ganz sicher aber haben Frauen in den urchristlichen Gemeinden und auch in den von Paulus gegründeten Gemeinden, welche wohl formell keinen im späteren Sinne priesterlich-sakramental definierten Vorsitz bei ihren Mahlfeiern kannten, in ihren Hausgemeinschaften zusammen mit den Gemeindemitgliedern die Brot- und Kelchhandlung sakramental vollzogen, das heißt, den Segen über Brot und Wein gesprochen und das gebrochene Brot mit dem Kelch weitergegeben. Ja, diese Hausgemeinschaften übten damals wahrhaft in hervorragender Weise das im 1.Petrusbrief (1.Petr. 2,4-10) und in der Offenbarung des Johannes (Offb. 1,6) beschriebene „allgemeine Priestertum" aus. Denn nach dem Hebräerbrief (Hebr. 4,14 u. 5,5-10) gibt es ja eigentlich nur noch einen Hohenpriester. Und das ist Jesus Christus! Deshalb kommt auch der Titel „Priester" für Amtsträger und Dienstämter in den neuen Gemeinden im gesamten Neuen Testament **nicht vor**!

Kap. 3: Dringende Korrektur der Stellung der Frauen in der Kirche

Der Religionsphilosoph Tomas Halik hat unlängst folgende Sätze geschrieben: „Die Kirche hat wichtige Momente, den „kairos", schon oft verspielt. Im 19. Jahrhundert hat sie die Arbeiterklasse verloren; dann viele Intellektuelle durch ihren einseitigen Antimodernismus; die Jugend in den 1960-iger Jahren durch die panische Reaktion auf die „sexuelle Revolution". Jetzt sehe ich die Gefahr, die Frauen zu verlieren." - Ja, die Frauenfrage ist heute ganz sicher <u>die entscheidende Frage</u> für das Überleben der Kirche schlechthin!

Die Kirche hat sich ja in jüngster Vergangenheit von so manchen Irrungen und Verfehlungen distanzieren müssen und sich entschuldigt:

Papst Johannes Paul II. z.B. hat 1992 den Gelehrten Galilei Galileo rehabilitiert, wenn auch etwas halbherzig, da er Galilei doch eine gewisse Unnachgiebigkeit in seiner Lehre vorwirft. Da aber Galileo damals seine Lehre revidiert hatte, wurde ihm der Tod auf dem Scheiterhaufen erspart. Ein Gelehrter wie Giordano Bruno landete auf dem Scheiterhaufen, weil er seine Lehre nicht revidiert hat.

Johannes Paul II. hat 1999 sein tiefes Bedauern für die grausame Verurteilung des Reformators Jan Hus auf dem Scheiterhaufen während des Konstanzer Konzils 1415 und die daraus folgende Wunde als Quelle von Konflikten, Kriegen und Spaltungen in der böhmischen Kirche ausgesprochen. Papst Franziskus hat 2015 weitere Untersuchungen über den einseitigen Prozess in Konstanz und über Jan Hus` Werk in die Wege geleitet. Doch eine vollständige Rehabilitation verbunden mit der Aufhebung der Verurteilung als Häretiker auf dem Scheiterhaufen steht leider noch aus.

In beiden Fällen, bei Galilei und Jan Hus, werden im Grunde genommen wieder die Opfer zu Tätern gemacht solange sie nicht vollständig rehabilitiert worden sind und im Falle Hussens um

Vergebung für dessen grausame Hinrichtung auf dem Scheiterhaufen seitens der Herren der Amtskirche gebeten worden ist.

Papst Franziskus hat sich unter anderem auch im vergangenen Jahr gegen die Todesstrafe entschieden und will sie aus dem Katechismus streichen lassen, da diese die Menschenwürde verletze. Damit hat er sich auch indirekt von allen Gräueltaten während der Kirchengeschichte, die im Auftrag der Inquisition („congregatio Romanae et universalis Inquisitatis", heute „Heiliges Offizium") begangen wurden, von grausamster Folter und Verbrennung der sogenannten Ketzer und Hexen auf den Scheiterhaufen, besonders der vielen Frauen, die sich nicht wehren konnten, distanziert. Was aber nun noch folgen müsste, wäre ein tiefer Kniefall und reumütige und ehrliche Bitte um Vergebung vor den Gemarterten und Getöteten. Denn es kann doch keine Kontinuität der Tradition von Verbrechen gegen die menschliche Würde in der Kirche geben! Nein, da hört Kontinuität und Tradition der kirchlichen Lehre auf. Und diese damals kirchenrechtlich begründeten Schandtaten müssen endlich einmal als Todsünde und grausamste Verbrechen, begangen im Namen der Kirche, beim Namen genannt werden und auf dem Scheiterhaufen der Geschichte verschwinden. Die Todesstrafe ist per se eine Todsünde und verstößt gegen das 5.Gebot: „Du sollst nicht töten!", geschweige denn grausamste Folter mit anschließender Verbrennung, was ja einer totalen Auslöschung der menschlichen Person gleichkommt. So wie es im jüdischen Talmud heißt, dass „wer nur ein einziges Leben rettet, der rettet die ganze Welt", so tötet derjenige die gesamte Menschheit, der auch nur ein einziges menschliches Leben vernichtet. All die Opfer, die die Kirche zu verantworten hat, lassen sich nicht auslöschen. Sie schreien noch heute zum Himmel und in das Gewissen der Kirche.

Ja, so wie die Kirche durch ihre Amtsträger unbedingt für all die begangenen Grausamkeiten reumütig um Vergebung bitten muss, so wie es Papst Franziskus Ende Juli diesen Jahres in Kanada getan hat, will sie überleben und die Botschaft von der bedingungs- und grenzenlosen Liebe Gottes wieder glaubwürdig den Menschen von heute überbringen, so muss sie auch unbedingt alle Frauen, die sie während der langen Kirchengeschichte an den äußersten Rand gedrückt und deren Charisma sie meist völlig übersehen und mit Füssen getreten hat, reumütig um Vergebung bitten.

Fehlübersetzungen und Fehlinterpretationen von Bibeltexten haben während der 2000-jährigen Geschichte der Kirche oft zu verheerenden Entwicklungen geführt:

- Da wird z.B. bis auf den heutigen Tag der „Zölibat" (priesterliche Ehelosigkeit angeblich „um des Himmelreiches Willen") u.a. mit den Worten Jesu im Matthäusevangelium (Mt.19,1-12) begründet, obwohl es in dieser Perikope einzig um die Frage der Erlaubtheit der Ehescheidung geht. „Wer es fassen kann der fasse es" (Mt.19,12) muss man dann in einem ganz anderem Lichte sehen. Dieser Satz bedeutet dann: sich selbst (wörtlich) zu „entmannen", d.h. im übertragenen Sinne, seine Triebe (seine sexuellen Zuneigungen) zu einer anderen Frau zu unterdrücken, verbunden mit dem dringlichen Apell und der Bitte an den Ehemann, doch bei seiner Frau *aus Liebe* ("um des Himmelreiches Willen") zu bleiben! Denn zur Zeit Jesu war es ein Leichtes für den Ehemann aus irgendeinem x-beliebigen Grund seine Ehefrau zu entlassen, „einen „Scheidebrief" auszustellen. Da war dieses Gebot Jesu eine lebensnotwenige Versicherung und Schutz für die Frauen, die ansonsten mit ihren Kindern völlig mittellos gewesen wären.

- Da wurde über Jahrhunderte die Behandlung (u.a. Folter) zur Bekehrung von sogenannten Häretikern und die Zwangstaufen von Nichtgläubigen (z.B. bei der Mission in den neuen Erdteilen, Afrika und vor allem in Südamerika) mit den Worten aus dem Gleichnis Jesu von der „Einladung zu einem Festmahl": „compelle intrare" (Lk. 14,23)

begründet. Als erster begründete diese Billigung Augustinus im 4./5. Jahrhundert für die Häretiker. Diese Worte Jesu
kann man zwar mit „zwingt oder nötigt sie einzutreten"
übersetzen. Die griechische Urfassung „anankason ei-
selthein" lässt sich aber auch mit den Worten: „Überzeugt
sie einzutreten" oder „beweist ihnen, damit sie eintreten"
übersetzen. Bei Matthäus heißt es an der entsprechenden
Stelle vom „königlichen Hochzeitsmahl": „ladet alle, die
ihr trefft, zur Hochzeit ein" (Mt. 22,9)!
Außerdem übersieht die vielfältige Berufung auf das „compelle intrare" zur Gewaltanwendung den ursprünglichen
biblischen Zusammenhang dieser Worte in Lk. 14,23 (so
auch in Mt.22,9ff) mit dem Gleichnis Jesu von einem
„Festmahl"! Denn zu keiner Zeit wurden Menschen zu einem Fest oder zu einer „Hochzeitsfeier mit Gewalt ge-
zwungen.

Diese zwei Beispiele, man könnte noch andere nennen, für die
Auslegung von Bibeltexten zur Begründung von kirchlichen
Handlungen waren in der Kirchengeschichte mit eine der ersten
steinbruchexegetischen Versuche, Textstellen des Neuen Testa-
ments für ganz andere Handlungsbegründungen zu missbrau-
chen!
Und so ist es auch mit diesem, in meinen Ausführungen vielzi-
tierten, von einem oder mehreren Paulusschülern verfassten Satz
in 1 Kor. 14,34: „Die Frauen haben in der Versammlung der Kirche zu schweigen", geschehen. Der vielleicht gut gemeinte Ein-
schub hatte aber doch verheerende Auswirkungen bis auf den
heutigen Tag und er hat die Frauen in der Kirche diskriminiert
und an den Rand gedrängt hat!

Schluss: Was muss die Kirche ganz dringend tun, damit sie überlebt?

Es ist an der Zeit, dass sich die Verantwortlichen der Kirche zum Thema „Frauen in der Kirche" zuerst einmal von dem völlig missverständlichen Satz in 1 Kor.14,33-34 des/r nachpaulinischen Verfasser/s absolut distanzieren und endgültig verabschieden. Und dann sollten sie sich vor all den vielen in meinen Ausführungen genannten Frauen, angefangen von den Frauen in den Evangelien über die vielen Mitarbeiterinnen des Paulus in der frühen Kirche bis hin zu den tschechischen Priesterinnen in der kommunistischen Verfolgungszeit und den vielen zurzeit ehren- und hauptamtlich tätigen Frauen, die in der Kirche sehr engagiert und segensreich mitarbeiten, tief verneigen und sie ehren für ihre großen Taten. Denn sie waren und sind die wahren Heldinnen zusammen mit allen nach Paulus in der Kirche marginalisierten Frauen bis auf den heutigen Tag. Trotz vielerlei Diskriminierungen durch die Kirche haben sie den Glauben bewahrt und an ihre Kinder und ihre Familien weitergegeben. Diese Frauen haben von den ersten Gemeinden an bis hin in die jüngste Zeit wahrhaft Mauern übersprungen und den lebendigen Glauben an den gekreuzigten und auferstandenen Heiland Jesus Christus an die Nachkommen weitergegeben. Sie haben den Ring der dunklen und oft grausamen Männerherrschaft, vor allem während der Verwüstungen und Zerstörungen in den vielen Glaubenskriegen, von den Anfängen des Christentums über das oft sehr grausame Mittelalter bis zu den fürchterlichen Vernichtungskriegen der Neuzeit, welche sehr oft im Namen des Kreuzes Christi bis zu den Koppelschlössern des 1.Weltkrieges: „Gott mit uns", von Männern injiziert und durchgeführt wurden, in vielerlei Hinsicht gebrochen oder gar vernichtet. Sie haben, so wie die Gefährten in Tolkins Roman „Herr der Ringe", dir nach vielen Abenteuern und tödlichen Gefahren den Ring des dunklen und grausamen Herrschers Sauron vernichte hatten, wodurch die Welt vom Schatten des Bösen befreit wurde, und das Ammerland wieder in den Zustand des Friedens zurückgeführt wurde, sicherlich auch die Welt vor noch größerer Zerstörung, Unrecht und Unfrieden bewahrt.

Sollte dagegen die Kirche wirklich an ihre aus der Tradition gewachsenen und kirchenrechtlich festgeschriebenen Ämtern und Strukturen festhalten, dann müsste sie auch konsequenterweise all die aufopferungsvolle Arbeit und auch die sakramentalen Vollzüge durch die Mitarbeiterinnen der frühen Kirche bis hin zu den Priesterinnen in der Untergrundkirche in der Tschechoslowakei für null und nichtig erklären, weil nicht sein kann, was ja nicht sei darf. Und damit würde man aber die fruchtbaren seelsorglichen Taten dieser großen Frauen mit Füssen treten, was wie ein Schlag ins Gesicht für all diese Frauen bedeuten würde! Vielmehr sollten die heutigen Amtsträger der Kirche vor diesen Frauen, den Toten und den Lebenden bis auf den heutigen Tag voll Dankbarkeit für ihre heldenhaften Taten niederknien und sie für all das an ihnen begangene Unrecht um Vergebung bitten. Und so wie der König Aragorn in „Herr der Ringe" zum Schluss voll großer Dankbarkeit und Ehrfurcht vor den Gefährten Frodo Beutlins, Hobbits, Zwerge, Elfen, niederkniet und spricht, sollten auch diese sprechen: „Lasst uns nun gemeinsam für den Frieden eintreten und ihn bewahren!"

Ja, wie schön wäre es, wenn in der Kirche, <u>Alle miteinander</u>, ohne Hoheitsansprüche, auf Augenhöhe, Männer und Frauen gleichberechtigt, Geweihte und Ungeweihte, zusammenarbeiten würden für den Frieden, für Gerechtigkeit und Erhaltung unserer Schöpfung, damit die dunklen und grausamen Mächte aus dieser Welt vertrieben werden, so dass die Welt wirklich sehen kann - so wie in der frühen Kirche- „wie sie einander lieben" (Tertullian im 2. Jhd.), damit so auch die Menschen zum Glauben an den zutiefst seine Schöpfung liebenden und in Jesus zu unserem Bruder gewordenen Gott kommen!

Schlussplädoyer: „Das Weib hat in der Versammlung zu schweigen"???

Nein und nochmals Nein! Die Frauen müssen in der Kirche und überall in allen Bereichen gleichberechtigt neben den Männern mitsprechen und mitbestimmen können. Sie müssen alle kirchlichen Ämter begleiten dürfen, und nicht mehr mitleidsvoll von oben herab von Priestern belächelt oder gar ausgelacht werden, wenn sie sich wirklich zur Priesterin berufen fühlen. Denn so hat es eine in der Kirche sehr engagierte Theologiestudentin, Andrea Scherer, erfahren und in dem neuesten Buch von Philippa Rath: „Weil Gott es so will" (Verlag Herder) berichtet, was ihr fasst das Herz zerrissen hat. Die Frauen müssen sich dieses Recht auf volle Gleichberechtigung, so wie es von Anfang an von Gott gewollt war (Gen. 1, 26-27) nötigenfalls nehmen und nicht auf den Sankt Nimmerleinstag warten bis ihnen die „Herren" in der Kirche dieses Recht erteilen. So nur kann eine nach dem Willen Jesu solidarische und auf Augenhöhe miteinander wirkende Kirche entstehen von der wahrhaft die Menschen voll Verwunderung sagen können: „Seht, wie sie einander lieben", und wodurch sie angesteckt werden von dem, was wir als Kirche tun und reden, von dem, wovon unser Herz voll ist.

© 2022 Paul Schermuly
Herstellung und Verlag: BoD – Books on Demand, Norderstedt
ISBN: 9783756292059

FSC
www.fsc.org
MIX
Papier aus ver-
antwortungsvollen
Quellen
Paper from
responsible sources
FSC® C105338